AF231702

ÉTUDE

SUR

LE PAPIER-MONNAIE ET LES ASSIGNATS

émis en France de 1701 à 1796

———

Banque de Law, Caisse d'Escompte,
Assignats de la Révolution, Billets de confiance,
Assignats de la Chouannerie, de Louis XVII,
Faux assignats.

TOURS

LEBODO Frères, Libraires-Éditeurs

31-33, Rue de Bordeaux, 31-33

——

1907

ÉTUDE

sur le Papier-Monnaie et les Assignats émis en France

DE 1701 à 1796

E. HOUSSAY

ÉTUDE

sur le Papier-Monnaie et les Assignats émis en France de 1701 à 1796

Banque de Law, Caisse d'Escompte,
Assignats de la Révolution, Billets de confiance,
Assignats de la Chouannerie, de Louis XVII
Faux assignats

TOURS

LEBODO Frères, Libraires-Éditeurs

31-33, Rue de Bordeaux, 31-33

—

1907

A ma cousine

Mademoiselle Estelle ROY

Témoignage de reconnaissance.

B. H.

AVANT-PROPOS

Plusieurs ouvrages ont été écrits sur les assignats, ouvrages de haute érudition qui ont leur place dans quelques bibliothèques importantes, ou sont entre les mains de numismates privilégiés qui les conservent à titre de documentation inédite.

Plus modeste dans notre travail, nous avons cherché une œuvre de vulgarisation, qui pût être lue par tous, en donnant l'historique d'une partie de la numismatique française dont on sait vaguement le nom sans en connaître les détails.

Nos recherches principales ont été puisées aux sources du *Moniteur Universel* et du *Bulletin des Lois*, dans lesquels il nous est parfois arrivé de nous heurter à de nombreuses contradictions.

Ceci dit, pour couvrir nos erreurs bien involontaires.

L'anarchie régnait alors dans les affaires ; elle devait naturellement exister dans la rédaction des lois et décrets qui s'en suivaient.

D'autre part, les relations amicales que nous avons toujours conservées avec quelques amateurs et numismates nous ont permis d'augmenter des connaissances déjà acquises, et d'en faire un tout que nous réunissons dans cette étude.

Heureux si quelques-uns de nos lecteurs retrouvent avec le souvenir de nos relations l'échange de nos idées communes, et si d'autres, moins privilégiés, apprennent à connaître ce papier-monnaie de notre période révolutionnaire qui a laissé après lui tant de ruines et fut aussi l'origine de fortunes scandaleuses.

Traitant des assignats nous devons consacrer un souvenir au papier-monnaie qui eut cours antérieurement à 1789.

Nous voulons parler des billets-monnaie de 1701 ; de la Banque de Law et de ses assignats 1716-1720 ; des billets coloniaux des Isles de France et Bourbon 1768-1788 ; des billets de la Caisse d'Escompte 1776-1792 ; continuant notre étude par les assignats de la Révolution qui constitueront le fonds principal de cet ouvrage, et qui eurent cours de décembre 1789 à février 1796.

Nous établissons dans ces quelques pages un ordre chronologique, éliminant le plus possible l'énoncé des chiffres officiels qui seraient d'une lecture trop fastidieuse.

Viendront ensuite les observations et remarques générales.

Notre collection est assez complète pour nous permettre de traiter un sujet aussi ardu, et nous prions le lecteur de réserver un bienveillant accueil à cet ouvrage qui lui est dédié.

Nous ne voulons pas terminer cette note sans adresser nos remerciements à MM. Lebodo frères, pour les soins qu'ils ont apportés à cette édition.

Tours, Août 1907.

E. HOUSSAY.

CHAPITRE I

Notons, pour mémoire, les billets-monnaie de 1701, qui n'étaient pas, à proprement parler, une monnaie courante, les finances de Louis XIV étaient suffisamment prospères pour n'avoir pas encore recours aux expédients.

Ces billets étaient une garantie donnée par le Trésor aux personnes qui lui apportaient des matières d'or ou d'argent à monnayer, et qu'il n'était pas toujours en mesure de lui rembourser immédiatement.

Cette pénurie momentanée était due à la refonte des monnaies et n'avait rien d'inquiétant pour les porteurs qui étaient remboursés en espèces dans les délais fixés par le Trésor.

Nous n'avons pas à retracer ici l'historique de la Banque de Law 1716-1720, ni de son système, de calamiteuse mémoire, qui plongea les finances de la France dans la déconfiture la plus complète.

Notre cadre restreint ne vise que l'émission de ses billets :

	28 avril,	1.000 livres tournois.	
1719	1er août,	100	» »
	1er septembre,	1.000	» »

$$1720 \begin{cases} \text{1}^{\text{er}} \text{ Janvier,} \quad 100 \text{ et } 10 \text{ livres tournois.} \\ \text{1}^{\text{er}} \text{ juillet,} \quad\; 100 \text{ et } 10 \quad » \qquad\quad » \\ \text{2 septembre, } 50 \text{ et } 10 \quad » \qquad\quad » \end{cases}$$

Les billets émis avant 1720 sont gravés et portent des signatures et dates manuscrites.

Les autres, à partir du 1er janvier 1720, sont imprimés ; les billets de 100 livres des 1er janvier et 1er juillet 1720 portent différentes signatures manuscrites ; les 10 livres des 1er janvier et 1er juillet 1720, ainsi que les 50 livres du 2 septembre de la même année, ont des signatures imprimées que l'on rencontre disposées comme ci-dessous :

Signé par le Sr Bourgeois,
Delanauze.

Vu par le Sr Fenellon,
Giraudeau.

Controllé par le Sr Durevest,
Granet.

A la nomenclature ci-dessus, il y aurait lieu d'ajouter un billet de 10.000 livres tournois dont l'émission, discutée par plusieurs numismates — quant à la date — nous paraît être du 27 avril 1719.

Il est également admissible qu'une deuxième émission de cette coupure soit rattachée au 1er janvier 1720.

Ce billet, introuvable dans les collections, a réellement existé, comme en fait foi un passage de Thiers, dans son histoire de Law (Hetzel, Paris 1826).

« En juin 1720, il y avait en circulation, en billets de différentes émissions :

Billets de 10.000 Livres..... 1.134.000.000
 —   de 1.000   — 1.233.200.000
 —   de   100   — 299.200.000
 —   de   10   — 40.000.000
                        ———————————
                        2.706.400.000 »

Près de 3 milliards de papier en circulation, et il n'est pas question des quatre dernières émissions de juillet et septembre 1720.

Nos arrière-grands-pères ont dû rêver de ce chiffre fabuleux pour l'époque, qui n'était rien près des émissions encore plus fantastiques de la Révolution, comme nous le verrons plus loin.

Les billets coloniaux des Isles de France et Bourbon sont moins connus : ils eurent cours pendant les règnes de Louis XV et Louis XVI, de juillet 1768 à octobre 1788, et remplaçaient dans nos colonies le numéraire épuisé par nos guerres maritimes.

Il en est fait mention dans les ordonnances royales et seraient tombés dans l'oubli, si un numismate distingué, M. Reynard-Lespinasse, n'en avait donné la nomenclature que nous reproduisons ci-dessous :

20 Livres tournois.
10   —   —

Ne portent pas de date, mais cette indication :

« Bon pour..... livres tournois, valeur reçue en ordonnance ».

Le 6 Livres tournois est d'un format plus grand que les précédents :

« Bon au porteur, payable en lettre de change, à
« six mois de vue, sur les trésoriers généraux des
« colonies, en conformité de l'édit du Roi, du mois
« de juillet 1768 ».

Viennent ensuite :

2 Livres tournois, 10 sous, carton, imprimé en					jaune.
5 —	—		—	—	bleu.
10 —	—		—	—	rouge.
50 —	—	papier	—	noir.
100 —	—		—	—	—
300 —	—		—	—	—
500 —	—		—	—	—
1.000 —	—		—	—	—

Les deux derniers sont plus connus ; ils portent la
mention : « Billet de..... Livres tournois qui aura
cours aux Isles de France, conformément à l'édit du
Roi, le 10 juin 1788 ».

Revenons à la Métropole, avec la Caisse d'Escompte
dont les premiers billets, créés en 1776, n'eurent
d'émissions régulières que de 1786 à 1792. Comme
les dates étaient manuscrites, on rencontre de nombreuses variantes, nous donnerons les plus connues.

Cette Caisse fut établie par arrêts du Conseil des
24 mars et 22 septembre 1776.

Les billets de la Caisse d'Escompte furent les pré-
curseurs des assignats et continuèrent simultanément
leurs cours avec eux pendant les premières années de
la Révolution jusqu'au 16 février 1792.

Billet de 200 Livres, 8 juin 1786, imprimé rouge sur papier bleu.

—	1.000	— 24 mai 1787,	—	noir	— blanc.
—	200	— 3 sept. 1787,	—	—	— vert.
—	200	— 10 avril 1788,	—	rouge	— blanc.
—	200	— 15 oct. 1789,	—	noir	— vert.
—	300	— 26 nov. 1789,	—	—	— bleu.
—	300	— 25 févr. 1790,	—	—	— —
—	200	— 24 mars 1790,	—	—	— —
—	1.000	— 12 mai 1790,	—	rouge	— blanc.
—	200	— }			
—	2.000	— } 5 juil. 1790,	—	—	— —
—	3.000	— }			
—	200	— 20 juil. 1790,	—	—	— —
—	25	— }			
—	50	— } 28 juil. 1791,	—	—	— —
—	100	— }			
—	50	— 10 août 1791,	—	noir	— —
—	1.000	— 3 nov. 1791,	—	—	— —
—	1.000	— 16 févr. 1792,	—	rouge	— —

Les huit premiers billets étaient des « promesses d'assignats », les autres « payables en assignats ».

Le billet de banque qui avait réellement fait son apparition, en France, avec la Banque de Law et continuait son cours avec la Caisse d'Escompte, disparaissait momentanément avec le flot des assignats, qui, sous leurs diverses dénominations, inondèrent le pays de 1789 à 1796.

J'ai des assignats dans ma tabatière,
J'ai des assignats
Qu'on ne payera pas.
J'en ai des bleus, des noirs, des blancs ;
Mais ce n'est pas de l'argent comptant.
J'ai des assignats dans ma tabatière,
J'ai des assignats
. . . .
Qu'on ne payera pas.

« Actes des Apôtres, N° 163 ».

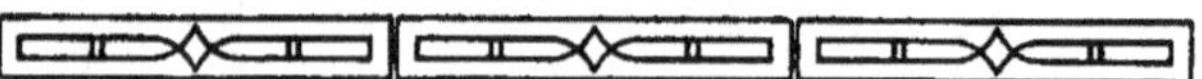

CHAPITRE II

Nous croyons utile d'établir la concordance des calendriers républicain et grégorien, pour servir de point de repère aux nombreuses créations d'assignats.

Calendrier Républicain	An II (1793-94)	An III (1794-95)	An IV (1795-96)
1er Vendémiaire	22 Septembre 1793	22 Septembre 1794	23 Septembre 1795
1er Brumaire	22 Octobre —	22 Octobre —	23 Octobre —
1er Frimaire	21 Novembre —	21 Novembre —	22 Novembre —
1er Nivôse	21 Décembre —	21 Décembre —	22 Décembre —
1er Pluviôse	20 Janvier 1794	20 Janvier 1795	21 Janvier 1796
1er Ventôse	19 Février —	19 Février —	20 Février —
1er Germinal	21 Mars —	21 Mars —	21 Mars —
1er Floréal	20 Avril —	20 Avril —	20 Avril —
1er Prairial	20 Mai —	20 Mai —	20 Mai —
1er Messidor	19 Juin —	19 Juin —	19 Juin —
1er Thermidor	19 Juillet —	19 Juillet —	19 Juillet —
1er Fructidor	18 Août —	18 Août —	18 Août —

Les premiers assignats furent créés en vertu du décret des 19-21 décembre 1789. Ils étaient de :

1.000 livres
300 »
200 »

à ordre, et leur intérêt fixé à cinq pour cent.

Un second décret des 16-17 avril 1790 indiquait leur date d'émission aux 16-17 avril, mais réduisait leur intérêt à trois pour cent.

Il est à remarquer que ces trois assignats, les seuls qui fussent à ordre, portaient dans leurs cadres inférieurs l'indication de l'intérêt par jour, et qui était de :

1 sou 6 deniers pour l'assignat de 1.000 l.
6 » » 300 l.
4 » » 200 l.

Au verso sont tracées 20 cases verticales, affectées aux ordres divers des possesseurs de ces coupures.

Un décret du 9 octobre 1790 informait que le 16 du même mois, tout intérêt cessait d'être dû. Un autre, en date du 16 novembre suivant, confirmait le précédent ; les assignats ne seront plus à ordre, mais au porteur.

Précédemment, le 29 septembre 1790 avait lieu simultanément la création et l'émission de :

2.000 livres.
500 »
100 »
90 »

80 livres
70   »
60   »
50   »

Le 6 mai 1791 portait création et émission des :

5 livres. Corset.

Nous reviendrons plus tard, — comme nous le ferons pour les autres coupures — à ces assignats qu'un long usage a baptisés " Corset ", bien que leur véritable signataire fut Jean Corsel.

Le décret du 19 juin 1791 portait création et émission des :

500 livres.
100   »
90   »
80   »
70   »
60   »
50   »

C'est là que commencent les incohérences législatives ; les 80 et 90 livres ne parurent pas, furent remplacés, comme on le remarquera plus tard, d'après un décret ultérieur, par les 300 et 200 livres, comme valeur égale d'échange.

Nous voyons, au 1er août 1791, reparaître la Caisse d'Escompte, qui tout en continuant le cours de ses billets, émettait des coupures d'assignats de 250 et 200 livres pour faciliter l'échange des assignats de 2.000

livres, et celle de 100 livres pour l'échange exclusif des 500 livres.

Ces reconnaissances étaient émises en même temps que les assignats de 300 et 50 livres, qui, sans motif, ne furent pas mis en circulation.

Un décret du 12 septembre 1791 portait émission des assignats de 300 et 200 livres.

Le 28 septembre suivant, paraissait un 5 livres-Corset, bientôt suivi d'un autre 5 livres, du même signataire et de l'émission du 1ᵉʳ novembre 1791.

Ces deux Corset dont l'utilité était trop tardivement reconnue avaient pour but de faciliter les transactions et les échanges des petites bourses.

Les cent millions d'assignats de ces 5 livres étaient destinés également à faire tomber les billets de confiance émis par les communes dans des proportions reconnues nécessaires aux besoins de la vie, mais circulant déjà en quantités inquiétantes.

L'effet de ces 5 livres était manqué, puisque les billets de confiance circulaient indistinctement dans tous les départements, et dès le commencement d'août 1791 ; leur progression, basée sur les besoins du peuple, variait de 6 deniers à 20 livres.

Au 16 décembre 1791 paraissaient les 25 et 10 livres.

Ces trois dernières émissions des 28 septembre, 1ᵉʳ novembre et 16 décembre 1791 devaient faire partie de la création du 19 juin de la même année.

Et les billets de confiance circulaient toujours, lorsque parut le décret du 4 janvier 1792 qui créait et émettait les petites valeurs depuis si longtemps désirées :

10 sous.
15 sols.
25 sols.
50 sols.

Ces coupures étaient destinées spécialement à purger le pays des bons des communes et autres qui avaient inondé les 83 départements de leur cours libre sinon rendu obligatoire pour les besoins matériels du peuple.

Un décret du 4 avril 1792 porte création d'un 5 livres, Corset, qui ne fut émis qu'en vertu du décret du 30 avril suivant, en même temps que des assignats de 50 et 200 livres.

Au 27 juin 1792 était émis un 5 livres, Corset, qui ne fut réellement créé que le 4 juillet suivant en même temps que les assignats de 100 et 50 livres, lesquels cependant ne furent émis que le 31 août suivant, ainsi qu'un 200 livres. Le 31 juillet paraissait un 5 livres, Corset.

Il est à remarquer les nombreuses contradictions de ces décrets, qui suivant d'une façon régulière l'anarchie du pays se détruisaient les uns par les autres. Un décret régulier portait création et émission d'assignats ; un second rapportait l'une ou l'autre de ces opérations que d'autres décrets confirmaient ou annulaient suivant diverses causes : les divergences des besoins, l'état défectueux de la fabrication, et aussi l'intention de donner un semblant de satisfaction au peuple réduit à la plus profonde misère par la pénurie complète d'espèces métalliques passées à l'étranger ou entre les mains d'agioteurs peu scrupuleux.

C'était la bouteille à l'encre fortement agitée afin d'en rendre le contenu encore moins clair.

Nous avons rappelé plus haut que le décret du 4 juillet 1792 créait un 5 livres, Corset ; les 100 et 50 livres du même décret se trouvaient supprimées à la date du 2 septembre de la même année.

C'était un recul puisque le 31 août suivant nous voyons réapparaître les deux mêmes coupures.

L'émission suivante du 24 octobre 1792 est la dernière représentée avec l'effigie royale ; elle se compose des :

10 livres.

25   »

10 sous.

15 sols.

Au 21 novembre 1792 apparaît le :

400 livres

avec les attributs de la République, et qui est un des rares chefs-d'œuvre de gravure.

Le 14 décembre suivant fut émis le :

50 livres

avec une description si complète qu'un faussaire, — et ils ne manquaient déjà pas à l'époque — pouvait en faire largement son profit. Rien ne manquait aux détails : papier, filigranes, impression, disposition des attributs, encadrement, etc.

Cinquante commissaires furent désignés comme signataires de cet assignat.

Notons, en passant, les reconnaissances de finances que le Général Custine avait été autorisé, par la Convention, à émettre pour la subsistance de son armée du Rhin.

Ces coupures de diverses valeurs, dont peu sont parvenues jusqu'à nous, ont été émises le 1er janvier 1793 ; imprimées, ou manuscrites au dos d'assignats de moindres valeurs, elles avaient les formats et les dimensions des plus diverses.

Ces reconnaissances variaient de 10 sous à 500 livres.

Le décret du 1er février 1793 porte création et émission des assignats de 10, 15, 25 sols, dont l'existence est discutée par plusieurs numismates ; ces trois coupures ne figurent dans aucune collection connue.

A la même date étaient créés les assignats de :

500 livres.

50 »

10 »

50 sols

dont l'existence est tout aussi problématique, sauf pour le 500 livres.

Le 7 mai 1793 porte création des assignats de :

400 livres.

50 »

50 sols.

25 »

qui, comme les précédents, ne virent pas le jour.

La Convention nationale autorisait, le 6 juin 1793, de nouvelles reconnaissances de finances, dont Kléber se servait pour la subsistance de son armée de Mayence.

C'était la répétition des reconnaissances de Custine, acceptées par la Convention et remboursées par le Trésor.

Le décret du 7 vendémiaire an II porte création et émission des assignats de :

250 livres.

125 »

75 »

Le 75 ne fut pas émis, et le 10 brumaire an II, un décret le supprimait pour le remplacer par un assi-gnat de cinq livres, pour lequel il fut désigné cent signataires différents.

Un décret du 20 pluviôse an II émettait un 500 livres, le même qu'il faut rattacher, probable-ment, au 1er février précédent.

Le décret du 1er messidor an II confirme la création de celui du 7 vendémiaire précédent avec les assi-gnats de :

2.000 livres.

1.000 »

250 »

125 »

5 »

15 sols.

Les 2.000 et 1.000 livres ne furent pas émis ; auraient été remplacés, le 18 nivôse, par un 500 livres, dont l'existence contestée, serait le même que celui du 20 pluviôse.

Le 5 livres se rattacherait à la création du 10 brumaire ; le 15 sols, contesté, au 1er février 1793.

Il n'y aurait eu d'émis, en réalité, à cette date du 1er messidor an II, que les 250 et 125 livres, qu'il faut rattacher à la création du 7 vendémiaire an II.

Divers décrets sans dates précises, et qui paraissent se rattacher aux 3-5 vendémiaire, 1-7 ventôse an III, annoncent que la Trésorerie émettra des coupures qui conviendront le mieux à son service.

L'émission du 18 nivôse an II doit être le résultat tacite de ces convenances, car nous voyons paraître les :

10.000 francs.

2.000 »

1.000 »

750 »

100 »

dont la fabrication, comme les précédentes, tardait

toujours de plusieurs mois; entre temps, le 21 nivôse an IV, furent émis des billets d'Etat de :

1.000 francs.
500 »
250 »
100 »
50 »
25 »

qui n'étaient autres que des Rescriptions substituées aux assignats usés de nom, et dont l'hypothèque reposait toujours sur les domaines nationaux.

Les assignats avaient vécu, et il fallait procéder à leurs remboursements par tous les moyens possibles.

Tel était l'usage des billets de confiance, bons des communes, etc., etc., circulant déjà indistinctement dans tous les départements, et qui dépréciaient encore plus les assignats par l'abus qui en était fait.

Aussi le 28 ventôse an IV le Directoire s'avisa-t-il de publier un décret portant création de deux milliards quatre cents millions de mandats territoriaux en coupures de :

500 francs.
250 »
100 »
25 »
15 »

dont aucune ne fut émise, exception faite pour le mandat de 5 francs qui, non compris dans le décret, fut le seul à circuler.

Comme la fabrication de ces mandats menaçait de s'éterniser et qu'il fallait surtout enrayer la crise finale, la Trésorerie fut autorisée à émettre des promesses de mandats territoriaux de :

500 francs.
250 »
100 »
25 »

qui circulèrent timidement.

L'assignat mourait et les derniers soins du Directoire furent un essai de sauvetage par les bons de l'emprunt forcé du 18 frimaire an IV.

Ces bons ne circulaient pas entre les citoyens. D'après les conventions passées au *Bulletin des Lois*, l'Etat acceptait ces bons en paiement des contributions et autres sommes qui lui étaient dues.

Dans notre collection figure une quittance d'emprunt forcé délivrée au citoyen Poupin par le percepteur de Ménigoutte (Deux-Sèvres), pour le montant de sa cote, le 25 nivôse an IV :

« Reçu huit mille livres en assignats, à un pour
« cent de celle de quatre-vingts livres, valeur métal-
« lique. »

C'était la fin de l'assignat, tombé, après de nombreuses fluctuations, au 344e de sa valeur, comme l'indiquent les Tables de Bailleul de l'an IV.

Un décret du 19 février 1796 prononçait sa suppression.

Nous ne voulons pas terminer ce chapitre, déjà bien embrouillé, sans faire remarquer les nombreuses interversions de décrets qui annonçaient une émission déjà en cours quelques mois auparavant ; nous tenons à respecter un ordre chronologique parfois difficile à équilibrer.

CHAPITRE III

DU CLASSEMENT D'UNE COLLECTION D'ASSIGNATS

Ce chapitre s'adresse aux collectionneurs, souvent embarrassés pour le classement de leurs assignats.

Nous avons suivi, non pas l'ordre chronologique, qui est reproduit précédemment, mais une nomenclature plus rationnelle, en commençant par les petites valeurs et aussi n'indiquant que les assignats ayant réellement existé.

10 sous Guyon	4 janvier 1792 / 24 octobre 1792 / 23 mai 1793	20 à la feuille, 4 en hauteur sur 5 en largeur.
15 sols Buttin	4 janvier 1792 / 24 octobre 1792 / 23 mai 1893	id.
25 s. Hervé	4 janvier 1792	id.
50 s. Saussay	4 janvier 1792 / 22 mai 1793	id.

5 Livres Corset	6 mai 1791 28 septembre 1791 1er novembre 1791 30 avril 1792 27 juin 1792 31 juillet 1792	10 à la feuille sur 2 colonnes verticales
5 Livres 100 signataires	10 Brumaire an II	id.
10 Livres Taisand	16 décembre 1791 24 octobre 1792	10 à la feuille en 2 col. vertic.
25 Livres Jame	16 décembre 1791 24 octobre 1792 6 juin 1793	id.
50 L. 50 sign. à ce dernier	29 septembre 1790 19 juin 1791 30 avril 1792 31 août 1792 14 décembre 1792	4 en carré
60 L.	29 septembre 1790 19 juin 1791	id.
70 L.	29 septembre 1790	id.
80 L.	id.	id.
90 L.	id. 19 juin 1791	id.
100 L.	29 septembre 1790 19 juin 1791 31 août 1792	id.

100 fr. 50 sign.	18 nivôse an III	4 en carré
125 L.	7 vendém. an II	id.
200 L.	19-21 déc. 1789, 16-17 av. 90 19 juin – 12 septembre 1791 30 avril 1792 31 août 1792	id.
250 L.	7 vendém. an II	id.
300 L.	19-21 déc. 1789, 16-17 av. 90 19 juin – 12 septembre 1791	id.
400 L. 30 sign.	21 novembre 1792	id.
500 L.	29 septembre 1790 19 juin 1791 20 pluviôse an II	id.
750 fr.	18 nivôse an III	id.
1.000 Livres	19-21 déc. 1789, 16-17 av. 90	par unité
1.000 francs	18 nivôse an III	id.
2.000 Livres	29 septembre 1790	id.
2.000 francs	18 nivôse an III	id.
10.000 francs	id.	id.
5 fr. mandats territor.	28 nivôse an IV	feuilles de 10
500ᶠ 250ᶠ 100ᶠ 25ᶠ Promesses de mandats territoriaux	id.	feuilles de 5

Nous avons omis avec intention la plus grande partie des signatures, pour le motif très avouable que nous n'en connaissons guère qu'une moyenne de 15 à 20 par assignat « imprimées ou manuscrites ».

Plus heureux nous sommes avec les promesses de mandats dont nous connaissons :

154 signatures pour les 25 fr.
65   —   —   100 fr.
18   —   —   250 fr.
50   —   —   500 fr.

Ce détail est très secondaire, étant donné qu'il est matériellement impossible de réunir toutes ces signatures.

CHAPITRE IV

Biillets de confiance

Les billets de confiance ont trop d'affinité avec les assignats nationaux pour que nous les en séparions.

Cette monnaie de nécessité imposée par la pénurie des espèces métalliques et surtout par la misère du peuple qui ne possédait pas, fut instituée dans le courant de 1790.

Quelques grandes villes, Paris, Bordeaux, Lyon, Marseille, Montpellier et plusieurs manufacturiers et négociants d'autres centres commerçants eurent l'idée d'obvier à cet embarras financier en délivrant, en paiement du travail effectué, de petites coupures permettant à l'ouvrier de payer à son boulanger, boucher et autres fournisseurs, les denrées de première nécessité.

Ces coupures de différentes valeurs étaient remboursées aux caisses émissionnaires de ces villes et négociants.

Les besoins croissant et la misère également firent que des caisses analogues furent bientôt créées dans presque toutes les communes du territoire.

L'institution était bonne et prévoyante ; mais elle devait être défectueuse dans la suite, en ce sens qu'elle dépréciait encore plus les assignats qu'elle devait aider à rembourser, et qu'elle tolérait la circulation de ces billets dans les 83 départements.

Le contrôle n'était plus possible d'une région à l'autre, et les abus aidant, les billets devaient avoir une fin comme les assignats.

Tel département avait émis pour un million de billets, il lui en rentrait pour douze ou quinze cent mille livres au remboursement, et le reste à l'avenant.

Ces billets avaient diverses dénominations :

Billets : de confiance, patriotiques, remboursables, de secours.

Bons : des communes, patriotiques, remboursables, de confiance, de secours.

Mandats : de confiance, de secours, patriotiques.

Portions d'assignats, etc., etc.

Nombreuses étaient les appellations des Caisses émissionnaires : département, chef-lieu, ville, district, municipalité, bourg, caisse municipale, caisse patriotique, usine, fabrique, négociant, etc.

Encore plus nombreuses étaient les coupures émises qui variaient de 6 deniers à 20 livres.

Un tableau comparatif résumera ces différentes indications, dans lesquelles ne figurent que des données officielles ; nous avons exclu de ce relevé les billets faux qui entrent pour une large part dans certains départements, le Gard et l'Ardèche entre autres, et les

billets non classés que l'on retrouve depuis quelques
années.

Départements	Communes ou districts	Nombre de Caisses	Nombre de billets émis et connus
Ain	8	23	58
Aisne	6	44	173
Allier	7	15	25
Alpes (Basses)	5	11	13
Alpes (Hautes)	4	16	39
Ardèche	3	105	195
Ardennes	6	12	33
Ariège	3	6	17
Aube	6	12	31
Aude	6	6	16
Aveyron	9	58	186
Bouch.-du-Rhône	8	53	142
Calvados	6	32	81
Cantal	4	50	187
Charente	6	6	19
Charente-Infér^re	7	15	27
Cher	7	9	26
Corrèze	4	29	35
Corse	9	14	27
Côte-d'Or	7	11	48
Côtes-du-Nord	9	9	12
Creuse	7	12	29
Dordogne	9	68	80
Doubs	6	7	8
Drôme	7	115	251

Départements	Communes ou districts	Nombre de Caisses	Nombre de billets émis et connus
Eure	6	23	58
Eure-et-Loir	6	22	88
Finistère	9	26	39
Gard	8	37	204
Garonne (Haute)	8	41	160
Gers	6	28	69
Gironde	7	17	32
Hérault	4	55	215
Ille-et-Vilaine	9	18	35
Indre	6	19	43
Indre-et-Loire	7	7	24
Isère	4	32	47
Jura	6	6	21
Landes	4	4	5
Loir-et-Cher	6	14	35
Loire-Inférieure	9	4	13
Loire (Haute)	3	13	54
Loiret	7	17	43
Lot	6	54	101
Lot-et-Garonne	9	45	94
Lozère	7	33	123
Maine-et-Loire	8	10	32
Manche	7	24	65
Marne	6	8	22
Marne (Haute)	5	16	64
Mayenne	7	6	11
Meurthe	9	18	51

Départements	Communes ou districts	Nombre de Caisses	Nombre de billets émis et connus
Meuse	8	21	69
Morbihan	9	15	14
Moselle	9	8	18
Nièvre	9	24	98
Nord	8	47	40
Oise	9	32	122
Orne	6	114	296
Paris département de	3	2	5
Paris	»	89	176
Pas-de-Calais	8	45	89
Puy-de-Dôme	8	38	153
Pyrénées (Basses)	6	5	6
Pyrénées (Hautes)	5	3	4
Pyrénées-Orient^{es}	3	4	14
Rhin (Bas)	4	4	6
Rhin (Haut)	3	»	»
Rhône-et-Loire	6	32	79
Saône (Haute)	6	9	27
Saône-et-Loire	7	21	88
Sarthe	9	32	84
Seine-Inférieure	7	44	166
Seine-et-Marne	5	9	39
Seine-et-Oise	9	19	54
Sèvres (Deux)	6	18	69
Somme	5	19	81
Tarn	5	12	24

Départements	Communes ou districts	Nombre de Caisses	Nombre de billets émis et connus
Var	9	4	7
Vendée	6	18	71
Vienne	6	15	59
Vienne (Haute)	6	19	34
Vosges	9	17	69
Yonne	7	13	35

Les administrateurs du Haut-Rhin, par une lettre de Colmar, du 22 décembre 1792, avisent leurs administrés qu'il n'existe pas de caisses patriotiques et, par là même, pas de billets dans toute l'étendue de leur département. Bel exemple de prévoyance qui ne pouvait être suivi par d'autres départements moins fortunés.

Elle est longue cette liste des billets émis, près de 5.800, auxquels on peut ajouter autant de billets non connus et de faux !

Dans la nomenclature ci-dessus figurent les assignats métalliques « classés dans les 176 Billets de Paris ». Ils étaient créés dans le même but, l'échange, la rentrée d'assignats de valeurs supérieures, et la facilité accordée au peuple de pouvoir acquitter l'achat de ses denrées.

Les plus connus sont les Monneron frères, négociants à Paris, qui eurent 5 émissions différentes :

1791, médaille de confiance de 2 et 5 sols, cuivre, 2 modules.

1792, médaille de confiance de 5 sols, cuivre.

1792,   »   »   5   »   »

1792, médaille qui se vend, de 2 et 5 sols, cuivre, 2 modules.

1792, médaille qui se vend, de 2 et 5 sols, cuivre, type à l'Hercule.

La Caisse de bonne foi avec ses " Bons pour " 2 sols 6 deniers — 6 blancs — et 3 sols, en cuivre rouge, 1791.

Givry et ses " Bons pour " 5 sols, en cuivre rouge, 1791.

Potter, l'année suivante, frappait d'argent, avec ses 'billets de 5, 7, 10, 20 sols.

Lefèvre, Lesage et Cie, revenaient au cuivre avec leurs " Bons pour " 5, 10, 20 sols, destinés à l'échange des assignats de 50 sols, 1792.

Moins connus sont les suivants, émis en 1792 :

Boyère et ses " pièces de confiance " de 1 sol 6 deniers, destinés à l'échange des assignats de 60, 70, 80, 90 et 100 livres, cuivre.

La Caisse populaire et ses " pièces de confiance " de 18 deniers, en billon.

Brun avait deux types différents, en cuivre, de " médailles qui se vendent " 18 sous la douzaine et 1 sou 6 deniers.

La Caisse métallique avec ses " monnaies d'urgence ", en billon de 2 sous et 18 deniers, avait émis

également des " pièces de confiance " de 18 deniers,
en billon.

Ces assignats métalliques avaient cet avantage sur
les billets de confiance, qu'ils étaient plus maniables,
moins sujets à la détérioration et à la falsification ;
tous ceux que nous venons de décrire étaient origi-
naires de Paris.

CHAPITRE V

REMARQUES GÉNÉRALES

Lorsque après la séance orageuse du 2 novembre 1789, les biens du clergé, et dans la suite, le 7 juillet 1792, ceux de la Couronne et des émigrés devinrent propriété nationale, la Trésorerie dut émettre un papier-monnaie, avec cours forcé, qui devait servir exclusivement à l'acquisition de ces biens.

Si le principe était injuste et impolitique, la création des assignats s'imposait dans ses multiples émissions.

Nous n'entrerons pas dans les longs détails qui eurent pour résultat les émissions décrites à l'un des chapitres précédents.

Qu'il nous suffise de dire qu'après l'utilité reconnue de ces assignats, des lois et décrets établissaient la création des coupures nécessaires, leur nombre, valeur, la couleur du papier et des caractères, la disposition des attributs, des filigranes, ainsi que le montant total de l'émission.

Les assignats imprimés chez Vve Delaguette, imprimerie de la Direction Générale des assignats, étaient, après contrôle de leur fabrication, versés à la Trésorerie générale et enfermés dans « la Serre aux trois clefs. »

Ils en étaient ensuite retirés pour être employés au paiement des échanges et aux dépenses publiques, d'après les décrets qui étaient rendus pour en ordonner leur mise en circulation.

Les lois rendues étaient inscrites au Bulletin, signées par un Inspecteur aux procès-verbaux, un Président et deux Secrétaires.

Souvent une deuxième lecture approbative était jugée nécessaire ; elle était également contresignée par plusieurs autres commissaires.

Dans nombreuses de leurs séances, les Assemblées législatives avaient décrété la création de quarante milliards d'assignats nécessaires à leurs budgets.

Nous ne les suivrons pas dans leurs délibérations, et arrivons à la liquidation des comptes, au 30 pluviôse an IV, date d'un procès-verbal signé par les artistes de la fabrication, Bonnet, Carrouge, Declerck, Desrez, Frécine, J.-B. Lacoste, Maffré et Reth, arrêtant au 2 nivôse de la même année le bilan d'une situation bien clairement exposée :

Il a été fabriqué.........	33.430.481.623	Livres
Versé à la Trésorerie	29.254.871.618	»
Assignats brûlés, annulés ou démonétisés	5.581.466.190	»
Ne reste plus que.........	23.673.405.424	»

Pour compléter les 40 milliards prescrits ou à faire fabriquer, il manque..... } 16.326 540.000   »

pour arriver à............ 39.999.945.428   »

Cet avant-dernier chiffre a-t-il été fabriqué ? Oui, et même de beaucoup dépassé.

Si l'atelier de la fabrication, par suite de multiples empêchements, n'a pu satisfaire à temps aux demandes justifiées de la Trésorerie, d'autres industriels ont largement contribué à compléter les milliards qui manquaient dans les caises de l'Etat.

Nous voulons parler des faux assignats que nous étudierons après les assignats de la Chouannerie.

Lorsqu'après le 30 pluviôse an IV — 19 février 1796 — les planches aux assignats et tous les objets ayant servi à leur fabrication furent solennellement brûlés, sur la place Vendôme, Ramel, alors ministre des Finances, fut invité par le Directoire à déposer son rapport sur la situation financière du pays.

Il eut à constater que depuis le 19-21 décembre 1789, date de la première émission, au 19 février 1796, il avait été émis 45 milliards 581 millions 411 mille 018 Livres d'assignats, y compris les mandats territoriaux, promesses et bons de l'emprunt forcé.

Ce chiffre fait vraiment rêver et pâlir les 3 milliards de la Banque de Law qui, pour l'époque, étaient cependant une somme respectable.

Ramel était sincère dans son rapport qui lui était facilité par l'atelier de la fabrication et le contrôle de la Trésorerie ; mais il était incomplet, car il aurait pu ajouter « pour mémoire » que les prisons, la fabrique de Puisaye et les industries particulières avaient inondé le pays de près de 22 milliards de faux assignats.

45 et 22 font 67.

Les assignats ont subi de nombreuses fluctuations par rapport au louis d'or de 24 Livres qui leur servait de base d'échange.

Les uns descendaient pendant que l'autre suivait une progression ascendante, d'après les cours de Bourse et des Marchés.

Dans le principe, l'assignat était échangé au pair ; lors de la liquidation générale, au 17 prairial an IV, — 5 juin 1796, — le louis d'or valait 17.950 livres en assignats.

Comme beauté et finesse de gravure, les artistes de la fabrication ne se sont pas surpassés ; ils avaient cependant ouvert devant eux un vaste champ d'invention, car ils ne sont pas beaux nos assignats, nous pourrions même ajouter qu'ils sont fort laids.

Exception cependant pour les deux 25 livres des 16 décembre 1791, 24 octobre 1792, dont les médaillons du Règne de la Loi et le Buste de Louis XVI sont de petits chefs-d'œuvre. Les attributs du 400 l., 24 nov. 1792, et ceux du 50 l., 14 déc. 1792, méritent également une mention spéciale ; et c'est tout.

Les Corsets eux-mêmes qui, par leur laborieuse

fabrication, s'annonçaient comme devant être des merveilles, ne font pas exception à la réprobation générale.

De ces derniers, il reste une originalité de disposition qui les distingue complètement des autres assignats et leur a fait donner leur dénomination spéciale.

Philibert Audebrand leur a consacré un regain d'actualité en rappelant que les Incroyables, en quête d'aventures dans les galeries du Palais-Royal, ne manquaient pas d'aborder les filles galantes de l'endroit par ces mots : « Allons la belle, corset pour Corset. »

CHAPITRE VI

ASSIGNATS DE LA CHOUANNERIE

Au commencement des guerres de la Vendée, mars 1793, les assignats nationaux étaient utilisés, et provenaient des prises des Blancs sur les Bleus.

Ils circulaient avec méfiance, malgré les ordres formels des chefs Vendéens et la mention portée au verso de ces assignats « Au nom du Roi » qui les régénérait aux yeux des Vendéens, et leur donnait, par ce nouveau baptême, la valeur qui leur était attribuée.

Néanmoins ces assignats républicains n'inspiraient pas de confiance, leur nombre finissait par s'épuiser et, dans un pays royaliste, il fallait une monnaie royaliste.

C'est alors que furent créés les assignats de la Chouannerie.

Châtillon, Laval, Avranches, Maulévrier, Londres, furent les caisses émissionnaires de ces « Bons remboursables au Trésor Royal » et des « Bons commerçables pour objets fournis à l'armée, remboursables à la paix ».

Parmi cas Bons, il y a lieu d'établir plusieurs distinctions :

1º Les assignats à l'effigie de Louis XVII, imprimés à Chatillon (Deux-Sèvres) vers la fin de mars 1793, sont de trois valeurs :

> 50 Livres, vert sur blanc
> 100   —   noir   —
> 500   —   rouge   —

et portent les signatures de Dufour, Bill, Labranche.

Ces assignats, très rares, que nous possédons dans notre collection, ce qui nous permet de les traiter plus sûrement, offrent cette particularité qu'ils représentent la continuation de la royauté, par l'effigie de Louis XVII.

Oblongs et de la dimension des Assignats républicains de 125, 250 livres, 750 francs, ils mesurent 18 centimètres sur 11 de hauteur.

Tous trois portent uniformément les mêmes légendes et encadrements, dans les couleurs que nous avons indiquées plus haut.

" Armée catholique et royale ", cadre supérieur.

—   de Bretagne   —   — inférieur

et la répétition sur les deux côtés :

> " Dieu et le Roi ",

une fleur de lys à chaque angle, opposée l'une à l'autre ; au milieu, sous l'encadrement supérieur, et y touchant, un médaillon rond représente l'effigie, à droite, de Louis XVII, roi de France et de Navarre ;

au-dessus de la légende " de Bretagne " de l'encadrement inférieur, dans un écusson carré, légèrement tronqué du haut, trois fleurs de lys surmontées de la couronne royale ; à gauche de cet écusson la signature de Dufour ; à droite celles de Bill et Labranche superposées, celle de Bill en dessus.

La légende " Remboursables au Trésor Royal " est identique dans les trois assignats dont le papier est blanc " isabelle ", et rugueux au toucher.

L'impression sur ce papier, vergé, assez épais, ressort difficilement surtout dans les effigies.

Telles sont les remarques générales appliquées à ces assignats qui ont néanmoins quelques variantes dans leurs catégories.

Assignats de 50 livres

Le n° placé à l'angle gauche supérieur est manuscrit, ainsi que la lettre de série qui est du côté opposé. Il en est de même du mot " Cinquante ", désignant la valeur " Bon de cinquante livres ".

Au-dessous de l'effigie, manuscrite également, est la valeur 50 ¹.

Assignats de 100 livres.

Le n° de l'angle gauche supérieur est imprimé : du côté opposé, la somme 100 ᴸ placée entre deux croix d'hermine, figure dans un rectangle imprimé à fond noir ; la désignation de la valeur " Bon de cent livres " est également imprimée.

Assignats de 500 livres

Même remarque qu'au précédent pour le n° et la désignation de la valeur.

Aux quatre angles, en dessous des fleurs de lys, la valeur cinq cents francs est reproduite en toutes lettres, dans un espace formant triangle avec l'encadrement et souligné par une croix d'hermine.

Ces inscriptions de coin sont opposées les unes aux autres, comme le sont les fleurs de lys.

Malgré nos recherches, nous n'avons pu trouver le nombre des assignats Louis XVII qui avaient été émis, pas plus que leur montant.

Ils n'en constituent pas moins une très grande rareté étant surtout donné leur existence éphémère, Mars-Juillet 1793.

2° Viennent ensuite, le 1er novembre 1793, les Bons de Laval de 5, 10, 100 Livres, signés par Donissan, Prince de Talmont, de Beauvollier et Bernier, curé de Saint-Laud.

3° Les Bons d'Avranches de 25 Livres, sans signatures, vinrent quelques jours après, le 12 novembre 1793, par suite du déplacement des troupes vendéennes.

4° Après le désastre de Savenay, le 23 décembre 1793, où les troupes manquaient de tout à la fois, il ne restait plus de ces Bons, qui furent pris par les troupes républicaines, ou brûlés par les Vendéens eux-mêmes.

C'est alors que furent émis, à Maulévrier, le 7 octobre 1794, les bons de Stofflet de :

10, 15, 25, 50 sous,
5, 10, 25, 50, 100 Livres.

5° Pour mémoire, nous citons les assignats émis à Londres, par de Puisaye, dont nous parlerons plus loin, dans les faux assignats.

Tous ces Bons et assignats, vrais ou faux, disparurent de la circulation à la pacification de la Vendée par Hoche, en juillet 1796, et il serait bien difficile d'évaluer leur nombre, ainsi que le montant de leurs émissions.

Un fait à constater, ces bons et assignats « remboursables à la paix » et au « Trésor Royal » furent en partie présentés au remboursement à la Restauration, qui ne donna aucune suite à ces réclamations.

CHAPITRE VII

DES FAUX ASSIGNATS

Il s'en fabriquait un peu partout, et malgré les dénonciations et la peine de mort qui s'en suivait, nombreux étaient les contrefacteurs.

Les machines de Dutruy, Leleu, Mercklein ainé, Legros, étaient aussi impuissantes que les vérificateurs eux-mêmes, Deperey et de la Marche, et n'opéraient leurs contrôles que sur les caisses des receveurs de la Trésorerie, laissant librement circuler entre les mains des particuliers, souvent illettrés, des assignats fabriqués de toutes pièces et imités avec une rare perfection.

La différence n'était pas difficile à remarquer, comme elle le serait actuellement.

Encore fallait-il que le citoyen de l'époque possédât un vrai assignat de chaque catégorie qui pût lui servir de contrôle ; à moins qu'il ne fût détenteur d'une poignée de faux qui lui restaient alors pour compte.

Tous les assignats, en sols, livres et francs, ont été falsifiés ; la contrefaçon se remarquait aussi bien dans l'emploi du papier que dans la disposition des lettres et des attributs dont les écarts disproportionnés sautaient à l'œil, ainsi que l'empâtement de certains autres détails.

La remarque générale est que les faux assignats ont été imprimées en taille-douce, opération qui unissait et applatissait le papier, en le faisant passer sur la planche de cuivre.

Les assignats nationaux étaient imprimées avec des caractères en relief, ce qui permettait d'en percevoir le foulage au verso.

Dans ces derniers, il a été fait néanmoins usage de la taille-douce pour l'impression des :

Deux médaillons des 25 livres, 16 déc. 1791-24 oct. 92. Attributs de la République, 50 livres, 14 déc. 1792 ; de l'aigle du 400 livres, 21 nov. 1792.

Et c'est regrettable que ces quatre chefs-d'œuvre de Gatteaux n'aient pas été plus généralisés.

Les massacres de septembre 1792 ne furent pas un arrêt à la contrefaçon qui se pratiquait même dans les prisons.

Le 18 fructidor an II, la Convention eut à demander une pénalité qui, n'étant pas de son ressort, fut renvoyée au Tribunal criminel de Paris.

Il s'agissait de punir un citoyen qui, avec des coupures différentes, cherchait à se faire rembourser par le Trésor, une somme supérieure.

Cet individu mutilait des assignats de 400 livres et de 10 livres, les divisait en quatre parties, en réunissait ensuite trois pour faire un tout, en combinant le rapprochement des morceaux détachés, de manière à former 3 assignats de 4 et se faire rembourser 1600 livres au lieu de 1200.

La ruse était grossière et ne pouvait être admise par le Tribunal criminel, qui, après jugement, envoya le citoyen Pastiau gémir sur la paille humide des cachots.

L'étranger apportait aussi son contingent de contrefaçon ; ce n'était pas le moindre, et nous reprenons notre interruption du chapitre précédent, aux assignats fabriqués à Londres.

A l'instigation du comte Joseph de Puisaye, et sous le patronage du duc d'Harcourt, chargé de pouvoirs du Régent, en Angleterre, la Chouannerie avait fondé, à Londres, une fabrique de faux assignats, qui ne le cédait en rien à l'outillage de la Métropole française.

Le conseil militaire de l'armée catholique et royale de Bretagne avait, sous les signatures de Chantereau, Cormatin, Perschais, de Puisaye, Le Roy, de Tinténiac, établi cette institution le 22 septembre 1794, dans le but de suppléer au numéraire qui faisait défaut aux armées vendéennes.

Le second motif était surtout de jeter le discrédit le plus complet sur les assignats nationaux qui n'avaient pas besoin de ce coup de grâce.

Cette fabrique de Puisaye, qui émettait les mêmes coupures, était établie à ciel ouvert ; elle tenait ses séances parfaitement ordonnées et ses procès-verbaux étaient signés par de St-Morys et de Montalin.

La production devait être abondante puisque dix mois plus tard, le 6 thermidor an III, Hoche, dans son rapport qui suivit le désastre de Quibéron, reconnaît s'être emparé de dix milliards de faux assignats dans les bagages des émigrés.

Ce chiffre n'était en réalité que la moitié de la fabrication qui a dû dépasser 20 milliards ! et ces apports indirects aidaient largement Ramel à combler son déficit.

CHAPITRE VIII

Nous ne voulons pas entamer ici la question marchande ni attribuer aux assignats leurs valeurs respectives.

Au point de vue fiscal, les assignats n'ont aucune valeur.

On n'oserait plus, de nos jours, payer 15 sols la livre de pain chez son boulanger ; un propriétaire, si conciliant qu'il soit, n'accepterait pas davantage un bel assignat de 400 Livres pour le paiement du loyer qui lui est dû.

Parfois, à titre de curiosité, l'on vous montre une poignée de petits assignats de 25 ou 50 sols qui, depuis des années, sont relégués dans un fond de tiroir et auxquels on attache une valeur légendaire ; c'est dire qu'en général l'assignat ne vaut plus rien.

Mais, sous le rapport de la Numismatique, une très grande rareté est attribuée à quelques-unes de ces pièces que notre période révolutionnaire nous a transmises presque intactes malgré leur fragilité.

En première ligne figurent le 1.000 Livres, à ordre, de l'émission des 19-21 décembre 1789, et le 2.000 L. du 29 septembre 1790.

Viennent ensuite :

Les 300 et 200 Livres, à ordre, de la première émission.

Les 10.000 et 750 francs du 18 nivôse an III.

Les 500, 90, 80, 70, 60 L. du 29 septembre 1790.

Les 300, 200, 60 L. des 19 juin et 12 septembre 1791.

Les deux 200 L. des 30 avril et 31 août 1792.

Les autres assignats suivant une gamme descendante ont une rareté moindre, et encore faut-il en défalquer la grenaille des petites valeurs en sols qui se donnent pour rien.

Les trois assignats de la Chouannerie, à l'effigie de Louis XVII, sont rarissimes, en raison du petit nombre d'exemplaires qui en a été tiré.

Pour la même raison, mais à un degré moindre, sont les Bons de Laval, Avranches et Maulévrier que l'on retrouve difficilement les uns et les autres dans quelques collections particulières.

Il est à regretter que nos collections nationales, si riches en souvenirs des époques antérieures, n'aient à nous offrir que de communs spécimens d'un papier-monnaie qui représentait cependant les espèces métalliques en cours pendant une période de six ans.

Voilà, en quelques pages, l'historique des assignats que notre but était de faire connaître davantage ; but que nous désirons rempli, si la lecture de cet ouvrage est profitable à tous.

TABLE DES MATIÈRES

Grande Imprimerie du Centre — A. HERMIN, Montluçon.